운명의 학교

운명의 학교

윤명선 시집

가디언

추천의 말

윤명선 선생님을 떠올릴 때면, 나는 언제나 '소리와 함께 살아오며 숨 쉬어온 사람'을 생각하게 된다. 작곡가로서, 프로듀서로서, 그리고 음악 창작자들의 변함없는 대변인으로서 말이다. 수십 년 동안 그는 한국 음악 산업 현장에서 다른 사람의 목소리를 세상에 전해왔으며, 예술가들이 그들의 감정을 청중이 들을 수 있는 형태로 번역하도록 도와왔다.

그는 리듬과 음색, 멜로디를 통해 감정을 큐레이션해 온 사람이자, 보이지 않는 '소리의 건축물'을 정밀함과 깊은 공감으로 다듬어온 장인이었다. 그의 일은 대개 조용하고 눈에 띄지 않지만, 한 세대의 음악적 풍경을 만들어온 일이었으며, 그 울림은 한국을 넘어 세계 곳곳의 청자들에게 닿았다.

이 책은 윤명선 선생님의 또 다른 면모를 보여준다. 이번엔 '창작자 본인'으로서의 얼굴이다. 용기와 따스함을 가지고 그는 내면을 향해 시선을 돌리고, 여과되지 않은 자신의 목소리와 감정을 우리에게 건넨다. 이 시집을 통해 우리는 콘솔 뒤의 예술가, 화음 뒤의 사색가, 그리고 업계의 경영인 뒤에 숨겨져 있던 인간적인 감정을 만난다. 수많은 녹음을 이끌었던 그의 섬세한 감수성이 이제는 새로운 표현 형태-텍스트와 언어-로 옮겨졌다.

비록 그의 첫 시집이지만, 평생 '듣는 일'에 몰두해 온 사람의 확신으로 쓰였다. 예전엔 음악이 그의 감정을 실어 나르던 매개였다면, 이제는 단어가 그 역할을 한다. 각 시는 일종의 울림을 품고 있다. 그것은 실제 음악이라기보다 리듬, 운율, 그리고 삶이 고동치는 심장의 박동이다.

한때 악기의 음을 맞추고 스튜디오 믹싱 데스크의 균형을 조정하던 그의 귀가, 이제는 단어를 조율하고 침묵 속에서 의미를 빚어내는 듯하다.

첫 시집을 세상에 내놓는 일은 대단한 용기가 필요하다. 그것은 제작도 협업도 아니다. 그 누구의 뒤에도 숨을 수 없다. 그것은, 차라리 벗겨내는 과정에 가깝다. 내면을 세상에 드러내는 일 말이다.

이 책 속에서 윤명선 선생님은 스튜디오와 책상에서 잠시 벗어나, 사색적이고, 너그럽고, 무엇보다 인간적인 본연의 모습으로 우리 앞에 선다. 친구로서 나는 이 순간이 매우 감동적이고 기쁘다. 오랜 세월 타인이 스스로를 드러내는 일을 돕던 그 누군가가 자신의 내면세계를 보여주는 일은 귀하고 아름다운 것이다. 이 시집은 하나의 다리로 남을 것이다. 음악과 언어를 잇는 다리, 우리가 오래도록 존경해 온 프로듀서와 경영인, 그리고 늘 그 안에 존재해 왔던 시인을 잇는 다리로서.

축하합니다, 나의 친구여. 당신은 언제나 해오던 일의 본질, 즉 듣고, 다듬고, 창조하던 그 일을 시라는 형태로 번역해 냈습니다.

이 시집을 읽는 모든 이가 저처럼 그 안에서 '조용한 음악'을 들을 수 있기를 바랍니다.

— 가디 오론(Gadi Oron)

CISAC(국제저작권관리단체연맹) 사무총장, IP(지적재산) 전문 변호사

***

나의 오랜 친구 윤명선은, 내가 그를 알아온 이래 언제나 '창의적 혁명가'였다. 음악 속에서든, 한국 문화가 세계 속에서 어떤 의미를 가질 수 있고 또 가져야 하는지에 대한 그의 통찰 속에서든, 아시아-태평양 지역 음악 창작자들의 대변인으로 해야 할 역할 속에서든, 그리고 이제 다시금 '시'를 통해서든.

그의 시 속에서 드러나는 사유와 성찰은 감동적이면서도 영감을 주며, 윤명선이 우리 모두의 삶에 영향을 미치는 주제들을 어떻게 숙고하는지를 보여준다.

윤명선은 다시 한번, 세상에 대한 그만의 특별하고 창의적인 시선으로 우리 모두를 놀라게 했다.

— 아리엔 몰레마(Arriën Molema)

CIAM(세계음악창작자연맹) 의장, 작곡가

***

운명의 학교에는 참 많은 학생이 살고 있습니다.

출구도 입구도 없는 방안에 갇혀 매일 같은 꿈을 꾸는 학생… 당신은 행복할 자격이 있는 사람이라고, 내 악몽에서 허우적거리지 말라고, 사랑하는 사람을 떠나보내고 혼자 그리움을 삼키고 있는 학생… 거울 앞에 웅크리고 앉아 서로의 외로움을 빤히 응시하고 있는 학생… 할머니의 늙은 두 다리에서 풍기는 욕창 냄새가 싫어 꾀부렸던 자신을 혼내고 또 혼내고 있는 학생… 담배를 입에 문 엄마의 천박한 이빨 사이로 뿜어져 나오는 연기를 바라보며 눈치를 보고 있는 아빠, 그리고 그 아빠의 눈치를 살피고 있는 학생… 자신은 천국에 갈 것 같은데 그곳엔 친구들이 한 명도 못 와 재미가 없을 것 같다며 지옥을 선택하는 학생… 그리고 내 얘기 같다가도, 나는 모르고 싶은 삶을 사는 여러 학생까지.

한 사람의 이야기가 아닌 것 같습니다, 한 시인의 시가 아닌 것 같습니다.

윤명선이라는 시인의 삶이 궁금해집니다.

알고 싶지 않은데…

자꾸만

— 원태연(시인)

***

시인 박목월은 “시야말로 우리의 가장 아름다운 꿈을 기록하는 일”이라고 했습니다. 꼭 그의 말을 빌리지 않더라도, 시는 우리의 꿈이고 희망입니다. 팍팍한 삶을 살아가는 현대인들에게 시는 꽃을 보는 여유와 별을 찾는 낭만을 줍니다. 그 속에서 사람들은 잊고 살던 자신의 꿈을 발견하게 되고, 다시 꿈꿀 수 있게 됩니다. 윤명선 선생님의 시집 발간은 단순히 책 한 권이 출간되는 일이 아니라, 자신의 또 다른 꿈을 이루는 것이며, 누군가에게는 꿈을 꾸게 하는 일이 될 것입니다.

무릇 좋은 시란, 시를 모르는 사람이 읽어도 공감할 수 있고 감동을 주는 것이어야 합니다. 수많은 대중가요를 통해 주옥 같은 노랫말을 써온 윤 선생님의 시는 많은 이에게 익숙하면서도 색다른 공감과 감동을 선사할 것입니다. 좋은 생각이 좋은 글을 쓰게 하고, 좋은 글이 좋은 사람이 되게 이끕니다. 이 시집이 그런 역할을 할 것이라 믿습니다. 시가 읽고 싶은 날, 그대가 펼친 시집이 윤명선의 시집이면 참 좋겠습니다.

— 강원석(시인, 법학박사)

***

음악은 언어보다 먼저 울리고, 시는 음악보다 오래 남는다. 윤명선은 이 두 세계를 오가며, 오랜 시간 우리 곁에서 사람의 감정과 존재의 떨림을 작곡해 온 창작자다.

그의 첫 시집 《운명의 학교》는, 소리로 표현되지 못한 인간의 내면을 언어의 리듬으로 옮겨 놓은 기록이다. '외로움'과 '사랑', '인고'와 '삶'을 축으로 삼은 이 시집의 문장들은 하나의 멜로디처럼 이어지며, 예술가의 생애가 품은 고독과 자각을 투명하게 드러낸다.

윤명선의 시는 화려한 장식보다 진심의 떨림으로 공명한다. 그의 언어는 절제되어 있으나, 그 안에는 음악처럼 반복되는 회한과 희망이 있다. 노래가 시대의 감정을 불러일으켰다면, 이 시집은 그 감정의 근원을 들려준다.

삶을 노래하던 작곡가가 이제 언어로 삶을 해석한다. 《운명의 학교》는 한 예술가가 어떻게 자신을 '배워온' 사람인지를 보여주는 아름답고 진실한 증언이다. 그리하여, 이 책을 읽는 동안 우리는 깨닫게 된다. 인간의 운명은 정해진 악보가 아니라, 각자의 리듬으로 완성되는 삶의 노래임을.

— 김성신(출판평론가)

시인의 말

나는 운명의 학교
출신이다.
나는 오늘도
운명의 학교를 다닌다.
신께 감사드린다.

차례

추천의 말 _ *4*
시인의 말 _ *11*

제1교시
Enfréntate
부딪혀라

영웅 _ *16*
신 _ *19*
나유타 _ *21*
삼각형 사각형 _ *22*
늙은 반지 _ *24*
그렇다 _ *26*
외로움 _ *27*
섭지코지 _ *33*
고래 _ *36*
샤인빌 2533 _ *38*
천사와 악마 _ *40*
언어의 비 _ *42*
상상 _ *46*
아버지 _ *47*
할머니 _ *48*
축복된 고통 _ *51*

제2교시
Ama
사랑하라

딸들아 _54
아기 _56
25년 전 _57
사랑은 _59
사랑을 위하여 _60
사랑 하나 _61
사랑 둘 _62
사랑 셋 _63
사랑 넷 _64
사랑 다섯 _65
시험 _67
물어볼 게 있어요 _68
거친 사랑 _69
갬성 _71
혼자여행 _72
난 _73
나만 아는 너의 비밀 _74
취침인 _75
밤의 사랑 _77
문학전쟁 _79
슬퍼질 것 같은 하루 _80
다시 눈물 _82
이별 하나 _84
이별 둘 _85
이별 셋 _86
이별 넷 _87
이별 다섯 _88
사랑이 의미를 뺏겨 _89
사랑의 정체 _90

제3교시
Deambula
방황하라

몸 _ 92
등 _ 100
겁쟁이 남자들이 세 명 _ 102
인고(忍苦) _ 103
아침 _ 104
작은형 _ 105
모자(母子) _ 106
엄마의 담배 _ 107
중년남자 _ 108
0으로 _ 111
노연인 _ 113
노노처녀 _ 114
삶 _ 115
힘들어 삶… _ 117
효도 _ 118
食 _ 119
약(藥) _ 122
천국 포기 _ 123

제4교시
Vive
살아라

음악인 _ 126
감성왕국 _ 127
멜로디 _ 128
음악 _ 130
20대 슬로건 _ 132
랭보의 구름 _ 133
안개 _ 134
풍경 _ 135
세상 _ 137
거울 _ 138
무엇일까 _ 139
지구는 감옥 _ 140
나는 슬픈 자 _ 141
잠 _ 142
정상꽃 _ 144
버킷리스트 _ 147

제0교시
Canta
노래하라 _ 149

제1교시

Enfréntate
부딪혀라

영웅

시끄럽다

닭장 속에서 모이나 주워 먹을 쓰레기 같은 외침들
개 같은 몸짓으로 다 미쳐가는 세상
웅크린 곰 인형이 버러지 같은 지식의 마늘을 처먹고
왜 웃는지..,

간사한 황금으로 덧칠한 미친 자의 혓바닥은
부끄럼 없이 끝없이 소리치며 사기 치고
진정한 영웅은 어디에서 바보를 용서하고 있는 걸까?

덥다

여기도 춤 저기도 술
한 무더기 배설물은 쓴 냄새가 진동해
춤추고 마셔대고 토하고
짧은 단어 몇 개면 누구나 설득되는 침실에서
가면 쓴 미소가 마약인 줄 누가 알았겠어?

썩지도 않는 웃음소리
그 소리에 홀려 밤이면 불나방이 되는 푸른 꿈들이여
빈 술병은 탑으로 쌓여가고
자욱한 연기가 껄떡대는 시간이 되면
바벨의 전설은 분명 진실

인간이기에 외롭겠지
혼자라는 건 희망을 뺏긴 24시간의 패잔병
마네킹의 잘려버린 손이라도 꼭 잡고 잠들어야
외롭지 않을까?

도시 밑바닥 저 들판은
아름답게 울고 있는데
아무도 찾는 이 없이
손 뺏긴 마네킹만 나뒹굴고

아무도 모르게 사라져간
우리의 영웅은
어디에 술 취해 잠든 걸까?

아무것도 모르는 것이

아무것도 모르는 자가 영웅인 이 세상에서..

신

신에게 배신당한 죽음아
삶을 저주하며 독설을 내뿜으라.
결국, 모든 건 신의 장난

신은 영원히 신으로

신이 누구인지 오직 신만이 아실 뿐
그 누구도 알지 못해
겨우 죽음을 빠져나온 시간만이
또 다른 생명을 키워 신의 명령에 맞서려 할 뿐

어차피 시간도 신의 노예

니체….
신이 없기에 살아야 했다.
신이 있기에 사랑의 끝은 죽음

넌 죽음을 향해
난 사랑을 향해
도망치는 것이 아니라

죽음이란?

신의 초대를 통해

인생 최대

최후의 파티를

여는 것이다.

나유타

열매는 겨울이 오기 전에 나무를 떠나리라.
봄이 오면 새순과 새 꽃과 나무가
아이를 낳자며 음모를 꾸미는
그 웃음소리를 견딜 수 있을까?

녹색의 어린 신부들은
봄이라는 잔인한 중매쟁이를 만나
여름의 창녀가 되고
결국, 가을의 절벽으로 뛰어내린다.

들어보라!
초록의 울부짖음을….
자연은 녹색을 죽이며,
양심의 가책을 느끼는가?

쉬우면서도 이해할 수 없는
나유타 순환
포식자 흙의 함성소리를 따라
세상은 색깔을 바꿔버린다.

삼각형 사각형

당신은 누구 편이죠?
나는 당신 편이 아니군요.

나의 사상은 삼각형이오.
당신의 사상은 사각형이니
우리는 오늘 처음 만났지만
원수구려!

우리의 이상은 물에 녹지 않고
불에도 타지 않으니
오직 쳐부셔서 망가뜨릴 수밖에
아니! 사각형에 대각선을 그어
삼각형을 두 개로 만듭시다.

오! 그래요!
당신의 삼각형을 내게 나눠 주세요.
그럼 나는 사각형이 되고
당신은 삼각형이 되니
우린 친구면서 적이죠.

우리가 살아남는 길은
외나무다리에서
삼각형 하나를
빌리고 빌려주는 거예요.

늙은 반지

낡아버린 건 허울뿐만 아니었다.
소녀의 영혼은
헐렁한 장갑처럼 벗겨지고
생명의 뒷자락에 숨어버려….

가슴을 공포로 몰아세우던 뜨거운 열정은
누구에게 빼앗겼단 말인가?
세월의 부끄러움만 재빨리 알아차린
허망한 공간의 슬픈 냄새

애써 태연한 갈색 눈빛 속엔
퇴색된 긴 생머리만 나풀나풀
거울 속의 날 볼 수 없고
당신도 마주 볼 자신이 없어
뺨을 타고 흐르는 실망이여….

육체를 탐내며
꿈틀꿈틀 다가오는 구더기
능글맞은 음성으로 간지러운 고통을 약속해
육신의 땅은

점령당하고 파헤쳐진 채 분해되어
휘휘한 산비탈 이름 없는 들꽃으로 피어나면
끝까지 육체를 보듬었던 영혼은 떠나겠지.

12번째 종소리가 치는
유의미한 시간의 덫에 갇혀버린 기운 없는 오후
감정이 불어올 때마다
흔들의자의 자장가는 깊은 잠으로 날 인도해
꿈속의 꿈이 또 다른 꿈이 되어
심연의 호수 속으로 가라앉을 때에도
성령의 힘으로 떠받쳐진 흔들림은 멈추지 않았다.

벽에 걸린 쓸쓸한 자화상 먼지 위로
브람스의 자장가가 흘러 퍼지면
낡은 세월만큼 허름해진 의자에 앉아
날 닮은 아이가 건네는 재스민차를 마신다.

날 닮은 아이가 나를 그리워하며 재스민차를 마신다….

그렇다

웅크리고 앉아 서로를 빤히 응시한다.

외로운 자들은 그렇다.

외로움

외로움에 아픈 마음

누가? 내가..

그저 마음이 아파 어찌할 바 모르고

왜?

갑자기 허무해진 걸까?

몰아치는 감정이 춥고 무서워

길가의 어둠에 입을 맞추고

고통과 불현듯 맞닥뜨린 지금

얇은 몸뚱아린 수없이 많은 멍이 들어

애꿎은 검지 중지는

책상 위에 원을 그리다.

연신 교차해 두드려대고

양손으로 얼굴을 감싼 손안의 뜨거운 한숨은

어디로 도망가야 하는 건지?

길은 그 어디에도 없다.

외로움은 그 자체의 외로움

혼자임을 기뻐할까?

본능의 본체를 확인하기 위한

처절한 과정

공포의 칼로 잘라내고 찢어내도

죽지 않는 외로움
영혼이 멸망할 때 남겨질 최후의 신음으로
살은 도려내고 뼈만 남겨진 세포의 추억으로
뱀처럼
소리 없이 나타나
무한한 번식력으로
인간 하나하나에
숙주처럼 똬리를 틀고
기쁨과 행복과 희망과 축복과
심지어 슬픔과 눈물과 모든 걸 다 삼켜버린
공포 위에 존재하는 외로움
어디까지가 외로움의 땅일까?
진정한 나의 주인은 나일까?
너의 주인은 누구지?
내가 날 떠난
꿈의 시간까지도 날 쫓고 있을 외로움
팔짱을 끼고
심하게 인상 써진 얼굴로
반은 이성 나머지는 어디에 있는지 모를 시간을 지나서야
나지막하게 속삭인다.

웃어봐
고통은 지나갔어.
어둠도 사라졌어.
진실이 승리한 거지.
승리는 위대한 거야.
머리 꼭대기에 휘날리는 승리의 깃발은
점점 뜯어지며 날 들뜨게 하지.
머저리 같은 전쟁
끊임없이 전쟁
다시 또 시작될 외로움과의 혈투
단 한 번의 전면전으로 끝내고 싶다.
역사는 늘 외로운 자의 자서전
그자를 외롭게 해야 하는 것이
외로움의 막중한 사명
그 임무를 수행하지 못한 외로움
세상의 가장 단단한 철창에 갇혀 더 외로워지는가?
외로움 당신은 처절한 존재의 이유
태양이 있을 때는 태양을 닮고
잿빛 구름이 하늘을 덮으면
불길한 까마귀가 되는

눈에 비쳐지는 상황 속에
기막히게 조화로운 외로움의 변덕이여.
시작은 어디였었나?
사랑이 사라지면 이별이 끌고 온 줄 알았지.
아니었어.
외로움은 처음부터 자아와 같이 태어났고
사랑보다 먼저 도착해 있었지!
나만 외로운 줄 알았지.
외로워 죽으려고 했어.
어둠과 외로움은 사실 친하지는 않아.
그냥 한계에서 간단히 항복해 버리고
사라지기도 하지.
그리곤 미친 것처럼 가슴 틈에 파고들어
내 입을 막아버리고
내 눈을 덮어버리고
침묵 속으로 날 밀쳐버리지!
가도 가도 끝이 없는
느껴도 느껴도 알 수 없는
다시 돌려주고 싶은 분명한 내 것
모르겠어.

내 머리로는 감사할 수 없는
외로움만의 다른 이유가 있는지
외로움을 다 표현해 본 적이 있던가?
나부터 모든 생명들은...
외로움은 인간에게 득일까?
사랑을 얻기 위한 인내일까?
외로움을 외롭게 하기 위해
어디론가 떠나자.
더 외롭게 하지 못하면 피할 수 없다.
피할 수 있을까?
섹스
외로워서 섹스를 한다.
너의 목소리는 위로와 위안
너의 육체는 또 하나의 외로움
육체의 이기심을 못 본 체
너와 나의 외로움은 따로 섹스 중
외로움 그들의 키스는 길고 환상적이어서
그때만은 우리 행복하지.
너의 외로움
나의 외로움

인간의 외로움
아니! 짐승의 외로움
누가 외로움을 모른다고 잡아떼고 있을까?
누구일까?
외로움을 팔려고 부케를 손에 쥔
웨딩드레스 입은 신부와 입맞춤하는 사내의
기쁨과 행복의 미소는
포로로 잡혀 끌려오는 수없이 많은 외로움을
인지하고 있는가?
곧 그들은 쇠사슬을 끊고 모사와 책략을 꾸며
그들의 왕국을 만들고
순식간에 번성하고
순환은 우주와 함께
우주는 외로움과 함께
외로움이란 또 다른 은하를 탄생시키고 있다.

섭지코지

헐떡이는가?

어제보다 심장이 더 빨리 뛰기에
살아있다 착각하는 하루
산토끼를 좇아 웅성거리는 젊은 무리가
광야의 늑대인 양 으르렁대며
서로의 면상을 향해 주먹을 휘두를 때
순수를 잃어버린 하얀 얼굴의 여인아
너의 입에선 바다의 비리함이 풍겨

피바람을 따라간 섭지코지
적막이 휩쓸고 간 시커먼 바위 위의
다섯 마리 노란 돼지는
살육당하며 어부를 욕하지 않았다.
우르르 쏟아져 나온 뚱뚱한 내장 덩어리
비정한 갈매기의 눈마저 빨갛게 물들이고
살점 찌꺼기를 입에 문 갈매기들의 축제는
파도가 비명을 질러도 끝이 날 줄 몰랐다.

가장 잔인한 그대도 끽끽대며 갈매기가 되어라.

독한 술병을 입에 물고 왼손엔 칼, 오른손엔 분노로 얼룩진
돼지머리를 든 어부의 깔깔한 볼따구니
광대뼈 위, 어부의 눈물은 짜디짠 소금
어부여. 기도하라
쭈글쭈글 태양에 절여진 손등을
핥고 또 핥는 바람이 죽음을 선사할 터이니.

죽음은 삶이고 삶은 지옥을 항해하는 악마들의 콧노래
빨갛게 피로 물든 시커먼 바위 모서리
녹색의 절망이 피어나고
바람도 덩달아 죽음의 향연을 만끽하고 있는
피의 바다 섭지코지
회색 구름이 술주정뱅이 물보라 너울을 일으켜
미친 질투로 길길이 날뛰며 울다 웃어도
태양은 냉혹한 미소로 달을 한나절 동안이나
뒤에서만 껴안은 채 놓아주지 않았다.

죽을 것 같은 신음
능욕
태양의 적이 되어버린 바다.

달에 버림받은 바다.

바람의 측은함 몇 조각을 빚내

거칠게 높이 일렁거리다

굶주림에 지쳐 잠이 들고

커튼을 걷어낸 잔잔한 수면 위

달빛 정원엔 죽음의 노래만 가득하여라.

고래

바다에 앉았다.
작은 물고기 떼가
고래에게 일러바치며 부산 떠는 바다.
검은 보석을 찾아
나…. 바다 그 깊음 속으로 걷고 다시 걷는….

점잖게 휘어 감는
어둠 속, 소용돌이 왼편
심장을 뜯겨버린 고래의 멍한 눈이
마지막 빛을 뿌리며
병신이 되어 갈 때도
작은 물고기 떼
고래의 귓가에 모여 또 속삭이는 비밀

무엇을 말하는지?
세상의 가장 위대한 슬픔
숨을 막는 잔인한 사랑
죽음의 찰나에 길들여진 어린 육체의 질식
흰 장미 가시에 눈을 찔린 바다의 눈물

바다는….
처음부터 내 영혼의 엄마였다.
맹목의 맹수 같은 기억은
고향을 찾아온 꼬마별의
하얀 눈물을 먹고 되새김질하고….
내팽개쳐 감추고 싶었던 그림자는
늘 바다의 이야기가 되어 울었다.
바다는 언제나 날 울게 했다.

아 ~ 그렇다!
집시들은 비가 오나 눈이 오나 춤을 춰다오
바이올린을 켜다오
사랑한다! 말해다오.

나 고래 되어
보석 같은 엄마의 바다로 되돌아갈 터이니….

나 고래 되어
엄마 품. 바다의 암흑 속으로 되돌아갈 터이니.

샤인빌 2533

떠나야 한다.
별이 없는 도시 서울로 돌아가야 한다.
이렇게 아름다운 이곳을 떠나야 하다니.

어두운 수평선
저 멀리 불을 환하게 켠
수십 척의 배들은
떠나지 말아라. 떠나지 말아라. 내게 아우성친다.

바라보고 있으면
마음이 넘쳐
꽃을 바라본들 이러랴?

세상에서 가장 아름다운 여인 바다.
하얀 포말이
모습을 드러낼 때마다
아팠던 가슴은 상처를 꿰맨다.

목숨을 바친 키스로
사랑을 맹세했고

은밀한 둘만의 밤은
다음 날 세상이 알아버릴 만큼 격렬했다.

사랑했다.
투명한 바다와 선명한 하늘의 경계선에서
늘 너를 사랑했다.

해안가 끝 하얀 등대로 살고 싶다.
어쩜 저리 나의 모습을 닮았는지
길 잃은 착한 어부가 쉬어가는 곳.

별이 있고
작은 배가 있는
이렇게 아름다운 이곳을 떠나야 한다니
나 이곳에 살 수 있다면..
매일매일 바다를 위해 노래 부르리.

천사와 악마

인간은 결코 착하지 않다
전쟁을 원하고 피를 원하고
현실 세계에서 죽음은 고통이지만
사후 세계에서 죽음은 자유이리니
인간의 본능은 알지만
이해는 알지 못하는
죽음을 위한 전쟁과 살인은
독재를 실행하기 위한 강령
모든 이의 칭송을 한 몸에 받았던
성인군자도 알고 보면 슬픈 협잡꾼
그 삶이 남겨 놓은 흔적을 추종하다
자유, 평화, 평등, 박애, 민주
이 위험한 단어로 인해
얼마나 많은 심장들이 사그라져 갔는지
결국 천사와 악마는
둘 다 같은 뜻이었어
인간을 땅속으로 인도한
다른 이름의 덫일 뿐이었지
천사는 악마를 위해
악마는 천사를 위하여

언제까지 인간을 속일 수 있을까?
천사와 악마는
인간의 무지를 속이기 위한
낚싯바늘에 미끼를 끼우며
오늘도,
서로를 향해 짧은 윙크를.....

언어의 비

길을 가다 멈칫,
하늘에서 비가 내리는군.
또 누군가가 죽었대? 쯧쯧…
TV에선 천당행 티켓이 동나고 있다는 소식
잔인한 악마가 천사를 희생시켰다며
매일 호들갑 떠는 앵커의 종알거림
휴 - 그 진지한 눈빛이
우리에겐 고약하고 무서운 공포야
앵커의 눈과 입에서 뿜어대는 살기 가득한 언어의 비는
근심·걱정이라는 병에 담겨
가장 안전한 내 집 내 방 내 소파로 배달되고
85,823㎞를 주파한 낡은 차
Keren Ann의 Not Going Anywhere
라이터, 하얀 연기, 공허한 눈, 탄산수
아찔하게 옆을 스치는
다른 차 안의 옆얼굴
저렇게 달리다 곧 뉴스에 나오겠군.
어쿠스틱기타 소리
다시 회전
오른편 대리석 담벼락은 왼쪽만을 나에게 강요하는구나.

시간은 11시 32분

사기꾼이 기다리고 있을 2시

길 건너 빌라 조그만 화단에 삐쩍 말라버린 몇 개의 나무

넓은 땅덩이 중에

지지리 복도 없지

왜 그곳에 뿌리를.

몇 푼의 돈에 팔려 온

불쌍한 창남 나무

말 걸지 마!

난 아무 힘이 없어

날 기다리는 사람이라면 모를까?

금장시계를 찬 욕심이 아주 많은 놈이란다.

날 말아먹으려고 착한 척하는 미친 새끼지

인간은 넘쳐나서 세상은 걱정과 조바심으로

걱정은 욕심을 끌어들이고 조바심은 분란을 일으켜

결국엔 세상을 풍요로움 속의 화장터로 만들어버리지!

비가 조금 더 내리고 있군.

5시가 지나면 날 기다렸던 사기꾼이 이곳을 지나칠 거야

그 사람에게 한번 사정해 봐

너를 몰래 훔쳐다 숲으로 보내줄지도 몰라

도시의 나무는 자유와 체념 중
뭘 원하는지 알 수 없지만
말해봐
숲을 원해?
이 썩은 도시의 생동감을 원해?
벌 한 마리 없이 적막한 기분 나쁜 하늘
우중충하니 별거 없군.
겁쟁이 비둘기들
겨우 이 정도 비에 다 숨어버린 비겁한 것들
수천 년 전부터 그래 왔던 것처럼
한적한 곳에 쪼그리고 앉아
좁쌀만 한 용기를 과시하고 있을 게야
불길함 속에서 평화를 느끼는
어느 비 오는 날이여!
이런 날엔 나
물이 되어 강으로 흘러갈까?
애벌레가 되어 편안한 휴식의 잠을 청해볼까?
눈을 부릅뜨고 하늘의 비를 바라보며 잠을 자볼까?

구관조가 되어 나타난 앵커의 잡음 소리
악마는 검은 구름과 물러나고
천사의 태양이 세상을 구원했지만
비가 내리는 날 악마는 다시 방문할 거라는
메시지를 남겼다네요.

상상

상상은 지구의 것이 아냐!

아버지

4살 때부터 내가 찾아 헤맸던 사람

불쑥 나타나 멋진 선물을 줄 것 같던 사람

학교 졸업식장에서 단 한 번도 만나지 못했던 사람

얼굴과 목소리는 절대 잊을 수 없던 사람

무척 오랜만에 나타나 미움을 함성으로 바꿔놓은 사람

세월이 흘러 내게 찾아온 사람

내 그림자 맨 끝자락에서 힘없는 모습으로

내 마지막 양심을 시험하는 사람

미워해야 되지만 미워할 수 없던 사람

할머니

할머니 보고 싶어요.
할머니와 헤어진 지 5년이 넘었네요.
할머니와의 마지막 만남을 얼마나 후회하는지 아세요?
할머니의 늙은 두 다리를 주물러 드리지 못한
제 싸가지 없는 마음을 얼마나 많이 혼내고
또 혼냈는지 아세요?

할머니의 늙은 두 다리에서 풍기던 욕창 냄새가 싫어
다음에 주물러 드려야지 꾀부렸던 그때의 작은 욕심이
평생 날 따라다니는 후회로 남아 매 맞고 멍들어 버렸어요.
어쩌면 할머니가 제게 주신 인생의 마지막 가르침인가요?

파란 하늘이 너무 눈부실 때도
검은 구름이 너무 무서울 때도
할머니를 생각했어요.
어느 가난한 할머니가 허리를 굽히고
파지가 많이 담긴 손수레를 끌고 걸어가는 뒷모습을 볼 때
왜 할머니가 생각나는지…. 저 많이 울었어요.
늙은 할머니들을 볼 때마다 할머니가 그리워
저 많이 울었어요.

만날 수 없다는 게 참 한스러워요.
전 아버지 어머니보다 할머니를 사랑해요.
할머니의 걱정 어린 눈물이 너무 그립고
화장품을 모르시던 따뜻한 손길이 그립고
벌레에 물려 퉁퉁 부어오른 제 귀에 밤새 침을 발라주시던
할머니가 그리워요.

아주 작은 키에 아주 뚱뚱해져서
펭귄 같았던 걸음걸이가 그리워요.
맛있는 것 많이 못 드셨던 할머니가 그립구요.
예쁜 옷 못 입어보셨던 할머니가 그리워요.
비행기 한 번 못 타보셨던 할머니가 그립구요
갈빗집에서 고기 한 번 못 사드린 할머니가 보고 싶어요.

장롱 속의 버선마다 꼬깃꼬깃 만 원짜리 감춰두셨다
당신의 아들과 손자들에게
쥐어 주셨던 할머니의 입김이 그립구요.
일 년 내내 잘되라고 기도하시던
할머니의 중얼거림이 듣고 싶어요.

할머니가 안 계셔서 저는 슬프고
할머니께 제 마음을 드릴 수 없어서 저는 아파요.
할머니께 맛있는 것, 예쁜 옷, 좋은 것을 선물할 수 없어서
저는 울어요.

할머니 산소에 엎드려 할머니를 불러보면
할머니가 늘 그곳에만 누워 계셔서
얼마나 가슴이 아프고 힘든지 저는 울어요.
할머니 저는
할머니가 정말 보고 싶어요.
할머니 정말 보고 싶어요…….

축복된 고통

살아 숨 쉬는 것이 축복인 것인지
축복을 깨달은 것이 고통인 것인지
고통을 받아들이는 것이 축복인 것인지
축복을 밀어내는 것이 고통인 것인지
고통이 사고를 괴롭히는 것이 축복인 것인지
축복의 음성이 허공으로 사라지는 것이 고통인 것인지
고통이 축복의 중심에서 타오르는 것이 축복인 것인지
축복이 고통의 기도 속에서 잠들어 가는 것이 고통인 것인지
고통이 암흑 빛 속에서도 두 눈을 감는 것이 축복인 것인지
축복이 다시는 고통을 떠오르지 않으려는 것이 고통인 것인지
고통이 축복을 버리는 것이 축복인 것인지

제2교시

Ama
사랑하라

딸들아

딸들아
엄마의 품으로 돌아오렴.
삶의 바람이 폭풍 되어
찬란한 너희들의 하얀 손을 찢고 있구나.
이미 너희들의 머리카락마저 휘날려
예쁜 얼굴을 가려 버렸지만
찡그린 얼굴도 귀여운 건 안 봐도 아는 법.

손을 흔든다. 손을 흔든다.
휴식이 여기 있단다.
엄마를 큰 소리로 불러보렴.
나는 곧 자유
나는 마르지 않는 샘물
나는 절대불변의 진리
나는 물러서지 않는 진실
나는 바람을 막아내는 오두막.

딸들아
세상이 거짓과 위선으로 충만할 때
눈물이 베갯잇을 적시면

엄마가 차려 놓은 식탁에서

진리와 진실을 먹고
자유의 물을 마시고
순간 쉬려무나.

누군가 물을 것이다!
당신은 누구의 딸입니까?
너의 눈에
꽃을 담고,
풀을 담고,
여유로운 나무를 담고
절벽의 폭포를 담아
말해주렴.
난 인간의 어머니인
자연의 딸이다!!

아기

아기를 예뻐하는 근본적 요인으로
아기에겐 맑은 눈이 있다
아기에겐 너무 좋은 피부가 있다
아기에겐 너무 밝은 웃음소리가 있다
이타심을 가장한 부러움의 시초가 아기를 사랑할 수 있다
인류를 연결하고 문명을 지속하는 그 이유보다
자신을 배신한 원형이 돌아와 주길 바라는
어른의 치사함도 있다

25년 전

음악 속에 숨어 있는 소녀
25년 전의 너였어.
깜짝
놀라움
반가워
슬퍼
눈물

25년 후의 너에게 전화를 해
눈을 감고
너를 만나
25년 전의 너를 만나고
25년 후의 너의 목소리 들으며
기쁨
노란신호등
절망
빨간신호등
좌절
횡단보도
녹색신호를 바라보며

그 자리에서 울고 말았어.

25년 전 멈춰 선 차를 타고
소녀는 뒤로 떠나가 버리고
25년 후 도착한 차에 있는
그녀는 탐욕을 향해 속도를 높인다.

나는 25년 전의 그 소녀가
미칠 듯이 보고 싶고
미쳐도 될 만큼 만나야 한다.

사랑은

사랑은 아픔입니다.
사랑은 우리 모두의 것이 아닙니다.
사랑은 너와 나의 것입니다.
만약 당신의 사랑이 행복이었다면 그건 행운이었고요.
당신의 사랑이 아픔이었다면 그건 필연인 것입니다.
당신의 어머니가 당신을 낳은 그 순간부터
당신에 대한 사랑은 독해져 갔듯이
그런 사랑은 이별을 입으로만 외칠 뿐
떠나가기 힘든 까닭이 있습니다.
사랑은 지금 이 순간에도 수많은 연인들로부터
아픔을 원하고 있습니다.
그것이 사랑입니다.
사랑은 아픔입니다.
그래도 나
사랑하고 싶은 건
사랑을 배우고 싶은 건
아픔을 느낀 만큼 힘이 들었던 만큼
나의 그 사람이
너무나도 보고 싶기 때문입니다.

사랑을 위하여

사랑하는 그녀와 심하게 다투었을 때
집에 돌아올 차비가 없어도
그녀의 집까지 데려다주어야 합니다.
내 이기심에 다친 상처를 감내하기엔
여자의 마음은 너무 약하기 때문입니다.

몸이 너무 아파 쓰러져 죽을 것 같아도
그녀의 집까지 데려다주어야 합니다.
그 순간은 나에게 순간이지만
그녀의 슬픈 기억 속엔 영원으로 남겨지기 때문입니다.

그 길이 마지막 이별의 길이 된다 하더라도
그녀의 집까지 데려다주어야 합니다.
그래야만 사랑했던 그녀가 남자에 대한 증오심을 없애고
다른 사람을 만날 수 있기 때문입니다.

사랑 하나

너의 그림자가 되어 평생 함께하고 싶어.

사랑 둘

당신을 좋아하고 있다고
하나도 티 내지 않을 거예요.

당신을 사랑하고 있다고
절대로 고백하지 않을 거예요.

당신이 떠나갈까 봐
정말 무서워서, 정말 두려워서,

난 내일도 그다음 날도
우정인 척, 친구인 척 그렇게 살아갈 거예요.

사랑 셋

내 눈빛, 그대 두 눈에 풀로 붙이고
내 손, 그대 어깨에 본드로 붙이고
내 마음, 그대 가슴에 순간접착제로 붙여서
너와 나의 시작과 우리의 끝까지 하나로 꽁꽁 묶어
그대의 인생 종착역까지 함께 가고 싶다면
그대., 어떻게 생각하세요?….

사랑 넷

뜨거운 겨울
여행 가자
지중해 어느 언덕
호텔 침대 위
태양이
본능을 일으켜 세우면
거울 보지 말고
꾸미려 하지 말고
샤워하지 말자
우리가 부끄럽게 생각하는 그 모습을 미칠 듯이 껴안고
나의 태양보다 뜨겁게 너의 태양보다 아름답게
사랑하고 또 사랑하자!

사랑 다섯

당신의 모습은
내가 본 그림 중 최고의 명화이고

당신의 마음은
내가 읽은 책 중에 최고의 명작이었습니다.

당신의 사랑은
내가 쓴 편지 중 최고의 희극이고

당신과의 이별은
내가 적은 시 중에 최고의 비극이었습니다.

당신이 나에게 뒷모습을 보여준 그날부터
난 지금까지 그 자리에 있습니다.

당신 돌아올까 봐, 혹시 돌아오실까 봐
난 지금까지 그 자리에 아직도 있습니다.

당신이 나를 보고 다시 미소 지어준다면
난 이별이 준 눈물의 시계를 벗어 던질 수 있어요.

고백하고 싶은 말이 있어요.
이제껏 내가 가지고 있었던 가장 예쁜 문법으로

내 가슴에 새겨진 상처보다
당신의 기억에 날카롭게 남겨진 상처를 치유하고

세상 어떤 꽃보다도 착한 눈빛으로
당신을 바라보고 싶습니다.

세상 어떤 햇살보다 따스한 벅참으로
당신을 안아주고 싶습니다.

세상 어떤 집보다 따뜻한 행복으로
당신을 지켜주고 싶습니다.

세상 누구보다 아름다운 마음으로
당신을 사모하고 사랑하고 싶습니다.

그때 나 작은 기쁨 되어 맞이하고자 합니다.

시험

그녀를 사랑하십니까?
진정 사랑하십니까?
시험해보십시오!
그녀가 들어간 화장실 문틈 사이로
솔솔 새어 나오는 그녀의 똥냄새를 맡고
당신이 한 치도 물러서지 않는다면
당신은 그녀를 완전히 사랑한다! 믿겠습니다.

시험해보십시오!

물어볼 게 있어요

당신이 화가 나서 휘까닥 가실 때
저는 옆에 있어야 하나요?
잠시 피해 있어야 하나요?

당신이 폭발해서 뭔가 부수고 계실 때
그 자리를 지켜야 하나요?
며칠 여행 다녀올까요?

당신이 격노하여 얼굴 일그러뜨리실 때
클래식을 틀까요?
로큰롤을 틀어 드릴까요?

당신이 이유 없이 고함치고 미쳐가실 때
함께 소리 지를까요?
찬 음료를 대령할까요?

네…
오늘도 대답해 주셔서 정말 감사합니다.

거친 사랑

너의 멱살을 꽉! 붙잡고 물어
왜? 날 사랑하지?

침을 퉤! 뱉으며 너 답해
몰라서 물어?

너의 뺨을 때리며
뭔데?

욕을 하며 너 말해
오만 정 다 들었음!

너를 넘어뜨리며
정말이야?

내 머리카락 뽑으며 너 소리쳐
진짜 사랑은 착한 규칙이 아냐!
그런 사랑은 개뼈다귀나 줘버려!

터질 것 같은 혈관
부풀어 오른 세포로
난 사랑의 순교자가 되고파.

너의 모가지를 끌어당기며 나 고백해.
같이 죽을까…?

갬성

새로운 감성을 만나 보고 싶다.

새로운 이름을 불러 보고 싶다.

새로운 독으로 나를 마비 시키고 싶다.

그러나,
곧 그 새로움도 새롭지 못하다.

혼자여행

혼자 가는 여행이 행복하다고?
ㅠㅠ!!
행복할 수 있어

너의 외로운 길을
고독과 적막이
난도질해
조각내기 전까지는

난

난 지혜의 숲이 되고 싶어요.
당신을 위해 현명하게 사고하고 행동하고 싶어요.

난 희망의 날개가 되고 싶어요.
당신을 위한 삶의 가치와 용기를 보여주고 싶어요.

난 영원한 자유인이 되고 싶어요.
당신과 함께 구속받지 않는 세상을 찾아가고 싶어요.

난 아름다운 동화가 되고 싶어요.
당신이 잠들 때마다 그 얼굴 바로 옆에 있고 싶어요.

나만 아는 너의 비밀

서 있을 때도 예뻐
앉아 있을 때 더 예쁘고
누워 있을 땐
세상에서 제일 예뻐

난 누워 있는 너의 얼굴을 가장 사랑해
잠든 너의 얼굴을 밤새 바라보아도
왜 하나도 안 졸린지 모르겠어

취침인

너의 입술을 바라본다.

다가간다.

향기를 맡는다.

받아들인다.

너의 강과 내 강은

하나가 되어 뒤엉킨다.

역류한다.

눈을 감는다.

눈 감은 내 예감을

너의 입술이 찾는다.

부른다.

나는 다시 한번

너의 소리를 부른다.

다가간다.........

밤의 사랑

향기가 우리를 버리기 전에 입 맞추자
주름이 생기기 전에 한 번 더 마주 보고
뼈가 굽기 전에 뜨겁게 포옹하자
네 이름을 잊기 전에
한 번 더 너의 이름 부르고
내 눈동자에 불이 꺼지기 전에
너의 밤 속으로
겁 없이 뛰어들 테야

시간이 우리에게 가라! 하고
세월이 우리에게 떠나라! 할 때까지
키스하고, 마주 보고, 포옹하며
우리의 무모함이
영원한 어둠 속으로 사라질 때까지
절대 커튼을 젖히지 않을 테야

너의 냄새를 잊기 전에
너의 향기에 취한 사냥꾼이 되어
이 세상 모든 사람에게
욕을 먹을지언정

너를 만지고

너를 감싸고

너를 웃게 하고

너를 아름답게 할 거야

문학전쟁

사랑은 문학이고, 이별은 전쟁이야

슬퍼질 것 같은 하루

악몽이 날 끌어안은
이른 아침
이름 없는 아픔이 힘들어
막숙의 물소리를 듣는다.

아무것도 걸치지 않은 내 영혼.
오후 3시
뜨겁게 뿜어내는
태양의 열기 속으로.

계곡보다 더 깊게 패인
그리움.
아무도 없는 곳이라도 가겠다.
불타는 화산 속이라도.
너 그곳에 있다면
나는 죽음의 손등이라도
기꺼이 입맞춤하겠다.

그리움이 없다면
아픔이 없다면
너 없다면
걸음을 멈추고.
시선을 멈추고
마음을 멈추고
시간은 멈추고
모든 건 멈추고
나도 멈추고..

다시 눈물

그 사람이 보고 싶어
아침에 깨자마자
머리맡에 눈물을 적셔요.

어제 예쁘게 꽂아 놓은
장미도 밤새 눈물 흘렸는지
많이 수척해 보여요.

그 사람이 떠난 그때부터
돌아오지 않은 지금까지
난 눈물 속에서 살고 있어요.

천 번을 울면 잊을 수 있을까요?
만 번을 울면 지울 수 있을까요?
내 가슴 속에서 내보낼 수 있을까요?

그 사람이 보고 싶어
불 꺼진 바닥에 누워
다시 기억, 다시 추억, 다시 눈물.

혹시

내가 보고 싶으면

당신도 울 수 있나요?

이별 하나

혼자 있을 땐 진짜 하나도 안 슬퍼요.
누군가 나타나면 가슴이 찢어져요.
너가 아니어서요..

이별 둘

거리는 온통 다 너였다.

슬픈 빛들은 다 울고 있었다.

꿈속에서조차 난 너를 찾아 달렸다.

이별 셋

그 사람이 피워 놓은 선인장을
바라보다 만져보다 쓰다듬다
눈물이 방울방울 핑 돌아서
메마른 선인장을 적셔줍니다.

기억들이 쪼개져 사라질 때까지
추억들이 메말라 잊혀질 때까지
그 사람이 버리고 간 선인장에
내 얼굴을 부비며 울고 싶습니다.

이별 넷

그분이 떠난 허전한 빈방에서
얼마나 좋은 사람이었는지 알았습니다.

그분이 아꼈던 음악을 들으며
나 얼마나 나쁜 사람이었는지 알았습니다.

아무 말도 못 하고 가만히 있어야 할 때
나에게 참회의 눈물이 남아 있음을 알았습니다.

이별 다섯

현관문 비밀번호가
생각나지 않아 서 있습니다.

어두운 응접실의
불을 켜는 게 두렵습니다.

마주 본 식탁 너머의
빈 공간이 아팠습니다.

샤워기 물줄기가
세게 때려 고통스럽습니다.

휑해진 침대 반쪽이
너무 넓어 슬펐습니다.

나를 떠난 그 사람
죽었습니다.

사랑이 의미를 뺏겨

사랑이 너를 뺏겨
한쪽 사랑이 된다면
푸른 바다 한 켠에 노란 장미를 키우리라
한 송이 한 송이 장미를 꺾어
옷을 만들고 하트를 만들고.
수심 가장 깊고, 파도 가장 드센 곳에
장미 향 가득한 소용돌이 미로를 만들어
사랑을 저주하며, 저주하며 살리라

사랑의 정체

사랑은 사라지는 체취 같은 것
한곳에 머물 수 없는 약속 같은 것
입술은 사랑한다고 사랑 안 한다고
영원할 것 같은 귓가의 거짓말
그 사람은 어떤 노래를 부를까?

사랑은 떨어지는 낙엽 같은 것
씁쓸함마저 메말라 부셔지리라
피어오르는 화산재 같던 사랑의 감정이
쓸모없는 한 줌의 실연으로 변하고 다시 미워지고
죽음까지 맡기고 싶었던 유일함
그 배신의 얼굴은 어떤 노래를 듣고 있는지?

사랑은 왜 피고 지나?
사랑을 위해 얼마나 많은 기쁨과 기대가 상실되었나?
사랑의 거짓이기에 속아준 진실
다른 거짓마저도 사랑이라고
우리가 상처의 틀을 허물어뜨리고
돌아선 자가 써 내려간 외면의 일기를 펼쳐 들면
혹시 당황한 사랑의 정체를 알 수 있을까?

제3교시

Deambula
방황하라

몸

육체는
정신을
존경한다.

복종하는
내 몸을
구박하지
말라!

나를
위해
얼마나
애썼는가?

끝까지
내게
의리를
지켰고

끝까지
나를 위해
땀을
흘렸다.

오직
나 하나만
위해

오직
내 뜻이
시키는 대로

볼멘
소리
하나
못하고

삭신이
쑤셔대도
나를
받쳤고

숨결이
썩고
뭉개져
끝날 때에도

희미한
마지막
호흡까지
챙겨주고

다시
만날 수
없는 걸
알기에

다신
함께할 수
없단 걸
알기에

끝
그 후
남겨진 슬픔까지
따르려
애쓴다.

내
몸아
내
육체야

난
너의
진정한
주인이 아니었음을

넌
내게
단 한 개의
물질이었음을

단지
육체의
책임을
원했고

오로지
육체의
사명을
묻고 싶었을 뿐

때로
육체가
부끄러워
딴것과 비교했고

때론
육체가
부족하다
비판하였다.

오!

하나뿐인 나

오직 하나뿐인 나

혼과

육체의

주종관계

심과

오감의

노예관계

스스로

질책하고

원망하다

꺼져버린

나의 시야를 살피고

나의 음성을 살피며

나의 손끝이 향한 곳을 보고

나의 두 발이 경직된 곳에서 쓰러지는

나의 몸이 되어야만 하는 것일 뿐

육체는
최선을
다했건만
함부로 했다.

난
나의
육체를
지키지 않았다.

난
나에게
의리를
지켰는가.

나는
날 위해
무얼
할 수 있을까?

육체는

얼마나 더

아프고

씁쓸하구

섭섭해야 할까?

나의 육체여

나의 친구여

나의 사랑이여

나의 이름이여

등

구석진 모퉁이 쭈구리구 노동가를 부르는 자여
누군데 등이 저리 음습해
등은 움직이지 않고 손만 움직이네
등 구부린 세 사람의 바보 같은 합창이여
밤을 새워 노래하고 아침을 맞이하자

불쌍한 그 등을 노려보는 매를 닮은 강자의 눈
무서운 사람, 무서운 돈
몸이 병들 때까지
전부 으깨질 때까지
매의 날갯짓도 비상비상

오늘 하루도 멈추지 말자
세상이 잠들어도 멈추지 말자
합창이 끝나면 삶의 목표도 사라져
호흡마저 둔해지면 들풀들의 기도문은 찢어져
등 부러진 개미가 나비를 쳐다보며 한숨 쉬네
성공을 찾는 자 누구든 휘파람을 불어줘
옆 구석진 곳에 앉아 돌고 도는 휘파람 소리
다시 시작하는 들풀의 합창

나비의 앓는 소리마저 합주가 되어 날아가는 밤

겁쟁이 남자들이 세 명

겁쟁이 남자가 여섯 놈
아니 한 명은 못 들은 채 뒤돌아 있으니 다섯 놈
한 끼의 식사가 차려질 때마다 식탁 위의 용사여
충성을 다짐하자!
식량에 무릎 꿇린 자신감을 감히 누가 비웃는단 말인가?
포악해진 암컷 하이에나의 하품 소리가 세상을 깨울 때
여왕의 설교는 시작되고
미각을 무너뜨린 한 접시의 수프는 용사의 용기를 사들이니
충성도, 자존심도 그 의미는 타버린 철학
겁쟁이 남자들이 다섯 명
두 명은 도망가 버렸으니
이제 남은 이는 흙구덩이를 파고 서서히 잠들 준비를 하라!

인고(忍苦)

내가 너에게 꼼짝 못 하는 것은
한 덩어리 빵조각 때문이야.
알아?

아침

아 ~ 어느새
닭이 우는구나!
벌써 아침이로다.

옆집으로 이사 간 제비는
뭐가 좋다고
저리 심하게 우노

제비 입에 물려
장렬한 춤을 추며
마지막 호통 치는
풀벌레의 사연이나 들어 볼까나

어제의 아침도
내일의 아침인 것 맞는
불편한 아침
내일 이 시간에
난?
무슨 지랄을 할까?

작은형

형!

우린 피를 나눈 형제지

나는 동생 너는 형

죽는 그날까지 내가 형이 될 순 없어

형!

형은 나를 많이 챙겼지

맛있는 초코우유 보름달 빵

죽는 그날까지 그 맛을 잊지 못해

형!

형은 가끔 나를 혼냈지!

나쁜 길로 가지 말라고, 옳은 길로 가라고

생각해 보니 형에겐 누가 그런 말을 했었지?

형!

이젠 내가 형을 혼낼래

내 행동을 용서해 줘

죽는 그날까지 내 걱정은 하지 마

모자(母子)

엄마는 아들을 참 좋아한다.

배신하지 않을 놈이니까.

엄마의 담배

담배를 입에 문 엄마의 천박한 이빨 사이로
더러운 연기가 뿜어져 나오고
비겁한 아빠의 눈치 보는 눈은 아이들의 가냘픈 손을 이끌고
엄마의 연기로부터 피해 도망간다.
쌍욕을 해대는 엄마의 손가락 사이로 담배꽁초는
아빠를 향해 날아가고
엄마의 담배는 오늘도 아빠를 숨쉬기 힘들게 하는구나.
한강에 인생대를 드리운 아빠의 가늘한 낚싯바늘에
힘없이 매달려 나오는 내일의 그림자
밤이 되면 담배 냄새에 절여진 엄마의 입술을
낡은 폐로 들이마실 아빠의 가난한 사랑
유성처럼 엄마의 담배는 골방의 별이 되어 사라지고
엄마의 담배 연기 속에서 쿨럭쿨럭 대는
불쌍한 아빠의 비겁함은
재떨이 위의 남은 꽁초가 되어
엄마의 잔소리를 따라 타들어 간다.

중년남자

눈꼬리가 언제 내려갔어?
눈빛도 적대적이던 때가 언제?
무대에서 춤 좀 추시나?
낮에 연애는?

연약한 고함소린 아들놈 입가에 썩은 미소나 짓게 하고
달력은 멈춰버린 누드화
한곳만 몇 분째 바라보고
혹 누가 싸우면
하이에나에게 먹이를 내어준 표범처럼 슬그머니 자리를 떠나

가끔 친구들과 과거의 영광에 허풍 떠는 불쌍한 사람
비로소 인생은 여자 말 잘 듣고 착해야 한다고?
웃어도 늘 슬픔이 입가에 묻어나고
울어도 끝미소를 지을 줄 알아야지?
지친 꿈은 다시 시작해 보지만
실패를 맛본 그 꿈은 예전만 못하지

몇 푼의 동전을 손에 쥐어 들고
첫사랑을 찾아간 석촌호수에서

내가 꽂아 준 개나리를 귀에 꽂고
초라한 음식을 나눠 먹으며
찰나! 가장 밝게 웃었던 너를 생각하면
작아도 푸를 때 꿈꾸던 그 꿈도 그리워

이젠 기억으로부터 연락도 자주 없는 아저씨
사랑이 무엇인지도 잊어 갔나 봐?
단지 자식새끼 아프지 않기를 기도하고
잠들다 이 세상 떠나길 바라는 마음뿐

중년의 남자는 멋있어 보이지만
멍한 두려움을 임신한 임산부야
걸음이 조금씩 느려지는 사람일 뿐이지 ㅎㅎ
인생의 함정 속에서 억울해 울고
누가 볼까 부끄러워 고개 돌리고
왜? 우는지 이유도 모른 채 우는 아저씨

젊음이 실컷 가지고 놀다
버리고 간 놀이터
날 놀래켜 준 추억 속에서 배회하고

한 번쯤 가고픈 그곳을 지도에서 찾아보고
식어버린 커피도 소중하게 입에 털어 넣는다

생각하지
무슨 생각을 했는지
흐으음... 잊어버리고,
순간에 취하려 순간 속으로 숨어들어 가는 것

내가 부르고 싶었던 이름들을
서서히 한 명 한 명 부르고 부르다
꺼져가는 성냥불마저 손으로 감싸 들고
내 머릿속 영화를 틀어본다
나만이 볼 수 있는 나의 마지막 인생 영화

0으로

노인이 되리
검정 먹구름 머리 위 하늘 먹비
세상의 모든 과욕을 먹어보기도 전에
머리카락 하얗고 허리가 구부정한 노인이 되리

노인이 되리
사랑을 채우고 다시 덜어내고
바닥에 떨어진 부서진 안경을 줍기도 전에
절뚝거리며 비스듬히 걸어가는 노인이 되리

노인이 되리
희망이 허망으로
상심이 망령으로 헷갈려지기 전에
씨부렁거리며 도움의 손을 뿌리치는 노인이 되리

살았다는 것
본질은 같고 껍질만 벗겨지는 여정
앞은 죽음 뒤는 삶이었다는 노인의 혼잣말
쏟아지는 햇살을 고개 떨궈 가리고
치를 떨며 흔들리는 지팡이를 손에 쥔 채

떠나온 과거의 제국과
머나먼 미래의 제국이
결국 같은 곳이라는
중얼거림 속의 진실만 남긴 채 떠나간다

0으로

노연인

왼쪽, 할망
오른쪽, 할아방
부부?
연인?
황혼이 육체를 쓰다듬고
육체가 본능을 회유하는
손 주름으로 세워 놓은 빨간 십자가
늙은 분의 딥 키스여!
정열의 오르막에서도 안녕하시고
열정의 낭떠러지에서도 영원하십시오.

노노처녀

80대 노처녀 두 분이
다리 쫙 벌리고 앉아 노가리를 푸신다.
세상 무서울 거 하나 없다.
발가락 조물락 조물락 만지시며
지나치는 세상사 참견하신다.
죽음이 있으면 뭐 해
무서워해야 통하지!
빨랑 죽기를 입버릇처럼 달고 사시는데
죽음도 귀찮아할 것 같은
멍멍이도 피해 가는 그 노처녀 두 분.

삶

쓸고
닦고
치우고
털고
빨고
정리하고
먹고
자고
싸고
씻고
사고
버리고
계획하고
포기하고
미워하고
포용하고
이해하고
용서하고
죽이고
살리고

소리지르고

만나고

헤어지고

새끼치고

웃고

울고

미치고

정신차리고

싸우고

사기치고

사랑하고

이별하고

그리움

외로움

행복

아직! 이게 끝이 아니야!

힘들어 삶...

사는 게 참 힘드네요.

먹는 거 힘들지 않아요?
하루 3번, 때마다 차려 먹는 거 진짜 엄청 힘들어요.

씻는 거 힘겹지 않나요?

하루 3번 양치질
일어나면 세수
자기 전에 샤워
미칠 것 같아요.

똥 싸는 거 버겁지 않으실까요?

매일 배설하는 거 진짜 돌아버리죠.
어릴 땐 몰랐는데
나이 먹으니 똥 싸는 게 아주 중대사네요.

때가 되기 전에 좀 서둘러 떠나시는 게
현명한 처사라 사료됩니다.

효도

이빨 튼튼할 때 고기 많이 사 드리고

다리 쌩쌩할 때 여행 보내 드리고

주름지기 전에 화장품 발라 드리고

굽어지기 전에 꼬까옷 사다 드리고

아프기 전에 건강검진 끊어 드리고

돌아가시기 전에 후회 없이 잘해 드려

죽고 나면 아무리 불러도 아무리 찾아도

절대 만날 수가 없더라.

食

안녕하세요? 어서 오세요.
그녀는 웃고 있지만 눈빛 속 구렁이가 수천 마리
눈알은 탈출을 막는 서치라이트마냥
끝없이 너의 몸뚱아릴 감고 또 감고
먹이를 포획한 눈빛에 개구리 다섯 마리는 결국 생포되었다.
그녀의 먹이가 되어 준
검정 정장을 입은 대머리 아저씨
냄새를 따라온 핑크색 바지 청색 모자를 쓴
귀염둥이 할아버지도 먹이가 되고
세상 물정 모르는 먹잇감들은 끝없이 모여들고
넘실대는 그녀의 눈 그물
먹이가 되어 주고 먹이를 먹고
떠나고.,
그녀의 먹이가 되어야만 그녀의 먹이를 얻어먹을 수 있다.

먹이를 주문하는 갈등의 호흡
자칼의 이빨이 드러난다.
짐승과 인간 사이에 놓인 교차로
짐승이기를 두려워하지 않으니
욕이 난무하고 폭력이 발생하고

살인자는 세상에 넘치고
예기치 못한 사건이 일어나는 건
인간은 처음부터 짐승이었던 까닭이지 별게 있겠어?
인간을 제외한 모든 동식물은 알고 있지.
지금의 왕은 그들이라는 걸.
안경을 쓰고 팔다리를 비단으로 입히고
파마를 하고 성경을 읽고 공자와 논어를 배우고
우주를 향해 나아가도
그들의 DNA는 동물이었다.
본능 앞에 이성은 물러나 앉고
진리와 논리는 유혹을 무시할 수 없으니
어서 오세요.
안녕하세요? 어서 오셔요.
찔떡찔떡 입 냄새가 진동하도록
그녀의 먹이 사냥은 생물 그 자체.
안녕히 가세요. 즐거운 하루 되세요.
다 처먹었으면 잘 꺼지라는 인사.

풀이 자라고 메마르듯이
비가 내리고 증발하듯이
모든 생명은 포기되듯이
내일은 언제나 내일이듯이
나는 너의 먹이
너도 너의 먹이
너와 나는 먹이
그는 먹이의 일부.
결국 모두 다 사라지는 먹이.
먹이는 먹이가 되어 사라지고
법칙 규칙 공식 경전 종교
강 바다 지구 시간 우주
모든 건 다 먹이일 뿐이다.

약(藥)

가장 강한 자가 가장 약한 자에게 물었다

너 약해?

천국 포기

천국을 포기합니다.
다들 좋다 하시고
꼭 가야 한다! 하시는데
아무래도 외로울 것 같고
제 적성에 맞지 않을 것 같은
불길한 예감이 드는 건 왜일까요?

어느 날 친한 친구들의
웃음소리와 미소를 바라보며
번개처럼 스쳐가는 생각!
얘네들 다 지옥 갈 거란 확신!!!
단 한 명도 천국 근처도 못 갈 것이고
이 친구들이 지옥을 간다면
그곳엔 클럽 카지노 호프집 백화점
세상의 안 좋으면서도 끌리는 건 다 있을 거란 믿음.

그래서 저는 천국을 포기합니다.
심심한 천국보다
불구덩이 지옥 불이라도
재미있는 친구들이 기다리고 있는

지옥으로 가겠습니다.

제4교시

Vive

살아라

음악인

신이시여 도와 주소서. 도와 주소서.
음악인은 신의 가르침을 느낄 수 있도록 늘 복종의 자세를 잃지 않아야 합니다.
음악인은 세계를 직시하는 눈을 가져야 하고 세상을 감동시키는 감정을 가져야 합니다.
음악인은 부자보다 가난한 이들에게 더 큰 위로와 용기가 되어야 합니다.
음악인은 많은 영혼이 이 세상과 이별하는 과정에 큰 도움이 되어야 합니다.
음악인은 혼자 있다는 것에 감사해야 합니다.
음악인은 앞선 예술가들의 고민과 고통의 비밀을 찾아내야 합니다.
음악인은 그 누구에게도 굽신거리지 않도록 노력해야 합니다.
음악인은 돈을 밝히지 않도록 최선을 다해야 합니다.
음악인은 자존심이 있어야 합니다.

감성왕국

도와주소서.
잃어버린 감정을 돌려주소서.
신의 곁에서 넘쳐나던 감정을 깨닫게 하소서.
당신은 어디에 계시나이까?
나는 어디로 가야 합니까?
길은 어디에도 보이지 않고
이곳이 어디인지도 모르고 있으니
백만 번을 부르고, 천만번의 용서를 구하고
다짐하고 다시 또 반성하고 다짐하나니
감정의 음률이 날아다니는 그곳으로
저를 인도하소서.
수억 개 자아들의 눈물을 닦아주고
찢겨진 자들의 흉터를 아물게 하고
공포에 짓눌린 간절함에 축포를 쏠지어니
감히 누구도 다가설 수 없는
감성의 왕국으로 저를 데려가주소서.

멜로디

멜로디 땅에서 한 움큼 훔쳐 온 노래
수조 방울의 멜로디가 떠다니는 슬픔의 강
쉼표 뗏목
항해사의 나침반은 창작을 가리키고
멜로디는
춤추듯 유영하며
몇 억 년을 퍼덕이고
몇 광년을 지나
멜로디의 방으로 귀환했지만
또다시 순식간의 도적질
한숨보다 싫은 출발의 사인
멜로디
빛보다 어둠 속에서 의미 더하리라!
내가 훔쳐 온 멜로디
살아 움직여야 하는가?
살아 움직인다는 의미는 무엇인가?
뇌리에 박힌 멜로디는 살았는가?
누구를 위해 살아가는가?

멜로디

칼보다 더 예리함으로 생각을 위협하고

총이 되어 뇌에 큰 구멍을 뚫어버리는

눈물을 강탈하고 때리고 패버리는

멜로디는 어디로부터 오는지?

나의 친구인지

고향은 어디인지

다른 설득이 필요한지

멜로디는 또다시 내 방문 앞에 서서

똑똑똑

음악

비틀거리는 기억
나는 슬픈 음악
영원히 끝나지 않을 노래를 부르며..

갈라져가는 슬픈 북
때리고 다시 때리고
생명이 멈출 때까지 두드리고

음악에 숨겨진 나의 기억은
이 세상 어디에서도 만날 수 없는
나를 나에게 데려다주었지

나를 사랑했었지
그때는 까마득한 이야기
방황이 남겨놓은 낡은 신발만 있을 뿐

음악이 있는 곳
나는 언제나 그 곳에
나는 언제나 그 음악 안에

음악이 들리는 곳
번진 그림은
음악이 멈추는 곳에서
또 다른 그림으로 번져
결국 음악이 되어
창이 되어 날아오고
칼이 되어 달려들면
아프다는 말조차
죽고 싶단 비명조차
결국 나를 위한
나의 마지막 음악

나는 언제나 그 곳에
내가 죽어 사라져도
나는 언제나 그 음악소리에...

20대 슬로건

나에게 후퇴란 있을 수 없어
18 무조건 앞으로!

랭보의 구름

가여운 랭보를 위해 시를 쓰리

대서양이란 술집에서
취한 배의 갑판에 올라타
술잔에 펜 끝을 찍고
육감의 넋두리를 휘둘러
한 여자의 가슴을 훔치고
한 나라의 생각을 찌르고
한 시대의 철학을 유혹한
아지랑이 같은 랭보의 소풍을 위해

파리 하늘을 포근히 내 이불 삼아 덮고
그가 미처 다 쓰지 못한 그 느낌을 따라
내 두 눈을 감고 내 두 귀를 막고 내 호흡을 줄이고
랭보가 향했던. 머물렀던.
그 시간 속으로 그 심미 속으로 그 심리 속으로..

가여운 랭보를 위해 시를 쓰리

안개

안개가 피어오른다.

투명이 저리 많았던가?

누군가는 보이고 누군가는 볼 수 없는 성문을 닫아야지.

우리의 눈을 가리기 위해 피워 논 함정의 불투명.

꼭 무슨 일이 일어날 것 같군!

투명은 불투명 속에서의 범인을 알지도 알려고도 하지 않는 평화.

그렇게 암묵적 협약은 유지되고 있다.

인간은 눈치채지 못하고 안개의 미학만 추앙하고

그들은 자연스럽게 늘 하던 그대로 사건을 종결짓는다.

또다시 안개가 피어오르고 비밀의 성문이 열리면

투명 속에서의 불투명을 궁금해하지 말라!

풍경

도시를 만지작거리다
겨울비 맞은 흰 눈
앓는 소리 게워 내며 아파한다.

눈의 슬픈 음성
그 소리에 창문 열고
하염없이 당신을 부르네.

흰색이 사라지면
다시 흰색이 내리고
추운 머리카락
눈발에 휘감긴다.

눈이 내린 만큼
마시리.
눈이 녹아내린 만큼
마시리.

얼어버린 술잔 속의 포도주
혓바닥으로 핥아대며

어서 봄이 오기를.

눈보라가 휘몰아치는 밤.
고주망태 주정뱅이들의 밤.
객기와 비명이 눈의 적막을 휘청이게 하는 밤.

세상

세상은 단 한 번도 똑같을 수 없다.

시간이 다르고

날짜가 다르고

색깔이 다르고

냄새가 다르고

그 무언가 다르다.

거울

외로워?
거울을 봐
나 있어

내가 나를 보는 거지?
나를 내가 보는 거야

나는 분명 하나 맞지?
분명 나는 하나 맞아

시공 어디선가 내가 나를 부르면
또다시 거울 속의 나를 만나

내가 나인지, 나는 나인지
하나는 둘인지,

거울은 나를 비추고
나는 나를 또 비추고

무엇일까

죽는 걸 아는데 왜 슬퍼하지?

죽는 걸 아는데 왜 눈물나지?

죽을 걸 아는데 왜 살아가는거지?

죽을 걸 아는데 왜 죽지않는거지?

지구는 감옥

우주 어딘가로부터 추방당한 영혼들의 감빵
삶과 죽음은 형량의 시작과 끝
행복한 영혼
그대들의 죄는 더 무겁도다
끊임없는 일상의 반복 속에 늙어가는 기계
죄 가벼운 꼬맹아
너 금세 너의 별로 돌아가라!
인간의 이성 속에 뿌리내린 신들이시여
죄지은 영혼의 감빵을 지키는 간수로 만족하실는지요?

나는 슬픈 자

나는 나약한 자
연약함을 먹고 사는 자
집으로 돌아오는 길
길바닥에 내동댕이쳐진
노숙자의 무기력과
실패자의 무능력과
배신자의 무의리가
후웅후웅 홀씨 되어 퍼지면
나는 가장 가까운 길도 가장 먼 길로 돌아오는 자
나는 처음부터 슬픈 자

잠

뜨거운 태양을 피해 그늘로
몸과 마음을 다 찌그러트려 숨겨라!
감히 누가 이 온도를 이길 수 있을까?
졸음 속으로 빠져드는 도전
손가락도 발가락도
축 풀려버린 태엽

후흐으 --
스스로 바람이 되자
작은 응달이 되자
움직임은 이미 제자리
사고는 멈추고 엉켜 들고

잠을 자자
한쪽 귀퉁이
실오라기 바람,
동면에 들어간 매미처럼
안주에 도착한 안도감

잠을 자자
멈춰버린 사계
덮여지는 모래
쌓여버린 어둠
감겨지는 내일

잠을 자자…

정상꽃

내 손 안에서 꽃이 피었으면 좋겠다.
내 마음 안에서 꽃이 자라났으면 좋겠다.
내 눈빛 안에서 꽃이 시들어 죽었으면 좋겠다.

한 송이 투명의 꽃! 쥐어 들고
내가 꽃이었으면
내가 꽃이 되었으면
내가 꽃이 되어 주었으면

손에서 꺾인 꽃은 죽어 가지만
영원히 내 기억 속에 피어 있을 거야
꽃을 쥔 나의 손은 흙 되어 꽃을 떠받쳤지만
시간이 흐르면 꽃도 떠나고
나의 흙손도 떠나리

서글퍼 여명을 찾아가는 새벽
저 멀리 꽃을 따라 뒤쫓아 온
향기의 지저귀는 소리를 따라
하늘을 바라보고
무언가를 바라보고

고개 숙여 땅을 바라보고

꽃이 내게 말했다.
나를 꺾어!
저 산 정상으로 데리고 가!

그 손을 흙으로 메꾸고
그 손으로 나를 부둥켜안고
저 산 정상으로 나를 데리고 가!

더 살 수 있지만
더 향기를 뿜어낼 수 있지만
이제 그만 나를 잊고 싶어
어서 나를 저 산 정상으로 데리고 가!

그 산 정상에
작은 구멍을 파고
너의 흙손과 나의 꽃을 심어!

몰아치는 비바람이
휘몰아치는 눈보라가
우리를 죽게 하더라도
나는 너의 손에 피었었고
나는 너의 손에서 시들어 가니
그 순간만은 꽃이 되어 살았다는
큰 영광 속에 후회 없으리!

어서 나를 저 산 정상으로 데리고 가!

버킷리스트

설악산 대청봉
지리산 천왕봉
한라산 백록담
북한산 백운대

정상에 LK Mattress를 깔고 홀로 잠들고 싶다.

제0교시

Canta

노래하라

인생찬가 임영웅

꿈처럼 지나간 시간 나는 무얼 찾고 싶었나. 지도도 없이 걸어온 삶을 후회하진 않으리. 떠난 어제는 떠날 오늘로 남겨지기도 하지. 나의 친구여 나의 형제여 내 이름 불러주오. 미안하다 나의 인생아 앞만 보며 살아왔구나. 찬란한 순간이여 영원하라. 영원한 순간이여 찬란하라.

***

로꾸거 슈퍼주니어

어제도 거꾸로 오늘도 거꾸로 모든 건 거꾸로 돌아가고 있어. 내일이 와야 해! 행복의 시계가 째깍째깍 돌아가겠지. 로꾸거 로꾸거 로꾸거 말해말 로꾸거 로꾸거 로꾸거 말해말

***

무명배우 송가인

사랑을 하죠. 멜로영화 뜨겁던 그 장면처럼, 인생의 마지막 컷이라도 나는 좋아요. 사랑을 했죠. 대본도 없이 울던 무명 배우처럼, 당신을 원망 안 해요. 사랑은 영화니까. 사랑이 사랑을 사랑하면 저 별처럼 빛날까요? 아름다웠던 추억, 기억 모두 다 영원히….

***

이야 린

강물 같은 인생길 굽이굽이 돌아서 누굴 찾아갔는가. 하릴 없이 떠난 사람아. 이야 이야 사랑 너머 나를 잊었나. 이야 이야 나도 너를 지워 버렸다.

***

Honey 김장훈

우리 헤어진 건가요. 전화해도 받질 않네요. 그댈 잊을 수가 없어서 쓰러지고 말았어요. 이런 내 모습 실망하지 말아요. 눈물처럼 하루가 가요. 그대 맘은 괜찮은가요, my love Honey··· oh··· Honey··· 많이 보고 싶어 그 누구의 가슴에서 울고 있나요. Honey··· oh··· Honey··· 슬픔 속을 떠나 행복하게 살아줘요. 사랑했던 사람아.

***

떠나지 마 윤미래

시계만 보고 있는 너 보면서 심장이 터져버릴 것만 같았어··· 나는 너, 정말 너 하나뿐이야··· 제발 떠나지 마. 1분 2분 5분 10분 흐를 때마다 자꾸 내 가슴은 불안해져 가··· 차갑게 식어진 커피 향 속에 내 눈물이 흘러내려··· Oh! 니가 떠나고 또 내가 떠나고 불빛 속 음악도 떠나고 모두 부서져버린 다 부서져버린 사랑만 남아··· 그대여 떠나지 마! 너를 사랑했던 날, 널 사랑했던 날 네 가슴속에 가져가···

***

남자는 말합니다 장민호

여행 갑시다. 나의 여자여 하나뿐인 나의 여자여. 상처투성이 병이 들어버린 당신 여행 가서 낫게 하리다. 나란 사람 하나만 믿고 같이 살아온 바보같이 착한 사람아. 남자는 말합니다. 고맙고요. 감사해요. 오직 나만 아는 사람아.

***

마지막 춤은 볼레로 심수봉

그대여 안녕이란 말은 하지 말아줘요. 제발 그냥 떠나요. 언젠가는 내게 추억으로 다시 돌아올 거라 믿을게요. 봄이 오면은 낙엽 지는 가을에 웃으면서 우리 다시 만나요. 여름이 오면 눈이 오는 겨울에 웃으면서 우리 다시 만나요.

***

먼 훗날 우리 정동원

이제는 멀어지네요. 그대의 저 뒷모습을 어떻게 해야 잡을 수 있나 보낼 순 없는데 한 번 더 바라보면서 자꾸만 바라보면서 흐르는 눈물 닦지도 못해 나는 너무 슬퍼서 그대 떠나지 마요 그대 떠나지 마요 내 작은 가슴에 슬픈 비가 내려요. 눈물의 꽃 피어나요

***

바람남 김호중

바람~ 바람이 불어 쌓여가는 내 나이에 바라본다. 너는 누굴까? 변한 나의 얼굴 난 연약한 남자요 난 쓸쓸한 남자예요. 내 외로운 가슴에 한 편의 시를 써줄 한 권의 책이 되어줄 누군가가 필요해.

***

비행소녀 마골피

활주로를 떠나 비행기는 이제 어둠 속을 날아요. 서울의 야경은 물감처럼 번져가고. 저기 어딘가에, 내가 아는 사람 손 흔들고 있을까? 마지막의 인사를 해요. 내가 가는 길이 너무나도 힘든 이별의 길이지만. 후회하지 않고 웃으면서 떠나가죠. 사실 울고 있죠. 많이 울고 있죠. 창피하게 말예요. 어둠 속을 날아가죠. 입술로 되뇌어 보

네. 사랑해! 라는 단 한마디. 안녕 추억 안녕. 너무나 눈물이 나요. 영원히 그댈 사랑해요. 안녕…….

***

빛 조용필

메마른 저 초원 한가운데에 지평선을 보며 너는 서 있네. 한줄기 비가 되어 마른 대지를 적시듯 사랑의 빛으로 널 찾아가리. 그대여 내가 지켜 주리라. 지친 그대가 잠이 들면 달을 버리고 해를 찾아 거친 세상을 모두 비추리라. 외로움도 그리움도 이제는 다 떠나라. 내가 마지막에 선택한 길 후회는 조금도 없어. 메마른 저 초원 한가운데에 지평선을 보며 너는 서 있네. 한줄기 비가 되어 마른 대지를 적시듯 사랑의 빛으로 널 찾아가리.

***

사랑 에세이 전유진

떠나가지 마세요. 언제나 곁에 머물러줘요. 그리움 다시 그리움 떠나가지 말아요. 멀리 아주 저 멀리 내 곁을 떠났다고 생각 안 해요. 추억, 추억 속으로 돌아올 걸 아니까요. 사랑아, 사랑아, 돌아와 줘 돌아와 줘.

***

졸업 박진영

우리 헤어짐에 지금이 너무 아름다워 웃음 지어 보이지만 마음은 너무 슬픈 거야. 때론 너무 힘들게만 느꼈었고 우정 속에서 울었어. 언제까지나 잊지 못할 그리움 속의 얼굴들. 선생님! 안녕히 계세요. 친구들도 안녕! 잘 가세요. 영원히 고운 눈빛 속에 잊지 말아 줘요. 그날 그때 우리를.

***

어머나 장윤정

오늘 처음 만난 당신이지만 내 사랑인걸요. 헤어지면 남이 되어 모른 척하겠지만 좋아해요. 사랑해요. 거짓말처럼 당신을 사랑해요. 어머나 어머나 이러지 마세요 여자의 마음은 바람입니다. 안 돼요. 왜 이래요. 잡지 말아요. 더 이상 내게 바라시면 안 돼요.

운명의 학교

초판 1쇄 발행	2025년 12월 05일
지은이	윤명선
펴낸이	신민식
펴낸곳	가디언
출판등록	제2010-000113호
주소	서울시 마포구 토정로 222 한국출판콘텐츠센터 419호
전화	02-332-4103
팩스	02-332-4111
이메일	gadian@gadianbooks.com
책임편집	김민아
CD	허남희
마케팅	남유미
디자인	미래출판기획
종이	월드페이퍼(주)
인쇄 제본	(주)상지사P&B
ISBN	979-11-6778-097-3 (03800)